迷宫笔记

于 湛 著

中国铁道出版社有限公司
CHINA RAILWAY PUBLISHING HOUSE CO., LTD.

图书在版编目(CIP)数据

迷宫笔记/于湛著. —北京:中国铁道出版社,2019.1
(2019.4重印)
ISBN 978-7-113-24975-5

Ⅰ.①迷… Ⅱ.①于… Ⅲ.①智力游戏Ⅳ.①G898.2

中国版本图书馆CIP数据核字(2018)第218491号

书　　名:迷宫笔记
作　　者:于　湛

策　　划:范　博
责任编辑:范　博　　　　　　电话:010-51873697
责任印制:赵星辰

出版发行:中国铁道出版社有限公司(100054,北京市西城区右安门西街8号)
网　　址:http://www.tdpress.com
印　　刷:中煤(北京)印务有限公司
版　　次:2019年1月第1版　2019年4月第2次印刷
开　　本:880 mm×1 230 mm　1/32　印张:3　字数:55千
书　　号:ISBN 978-7-113-24975-5
定　　价:30.00元

开始

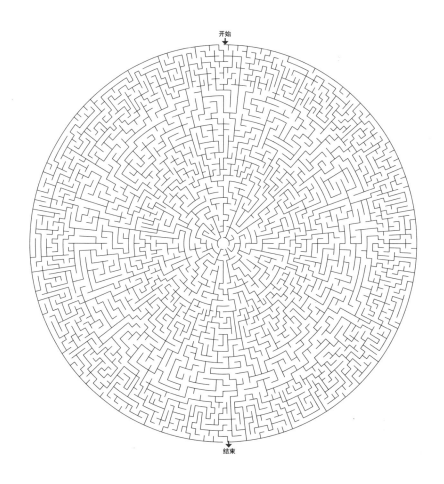

结束

让我们一起解开迷宫的秘密

迷宫引自盖尔斯·摩尔《魔宫》

目录
CONTENTS

笔记指南

我知道有一些人，对于他们来说，迷宫就是一个禁区。我却觉得迷宫是一个很有意思的东西，它让我乐在其中。

人们对迷宫有不同程度的兴趣和了解。为了让更多人了解和喜爱迷宫，我写了这本《迷宫笔记》，希望能起到普及的作用。

我在这本书中介绍了不同情况的迷宫及迷宫的解法，在绝大多数迷宫面前已经足够用了，一般的迷宫不过如此。当然还有其他更复杂更有趣的情况，如果以后有机会，我将做更多的介绍。

这本书面前的读者，如果你：

1. 想从迷宫的基础开始做了解，可以从头看。

2. 已经对迷宫有一些了解，可以直接做练习题。

3. 如果你在探索迷宫的过程中发现了什么问题，也可以找我做进一步的了解。邮箱：mazepalace@foxmail.com

希望这本书能让你获得你想要获得的东西，祝你在迷宫的世界里好运。

第一章

初识

或许我可以让理解迷宫变得很简单。

1. 迷宫的组成部分

为了方便说明，我将传统的迷宫抽象成最简单的情况。如下图所示。

下图中，A、B 为起点、终点标记。

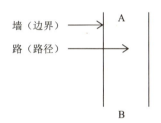

起点、终点标记可以根据喜好定义，可以是图形、数字，总之只要是显而易见的符号就可以了。

两侧黑色的线表示现实生活中的墙、墙体，在迷宫中称为迷宫的边界。

边界中间的空白表示现实生活中的路、路线，在迷宫中称为迷宫的路径。

连接 A、B 的红色的线或是一片区域表示从起点到终点的路径。

起点和终点是相互的，如果认为 A 是起点，B 是终点，那么那条红色的线称为从 A 到 B 的路径。如果认为 B 是起点，A 是终点，那么那条红色的线称为从 B 到 A 的路径。

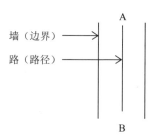

像这种用空白表示路径的迷宫称为空白式迷宫。因为空白式迷宫出现得非常早，也称为传统迷宫。这种迷宫能够模拟现实生活中的情况，于是这种迷宫很常见，人们容易接受和理解。

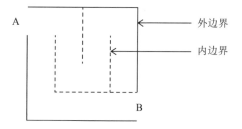

有时为了方便说明，迷宫的边界分为外边界和内边界，如上图所示。图中迷宫外围用实线表示的线称为外边界，迷宫内部用虚线表示的线称为内边界。

设置在外边界的起点称为入口，设置在外边界的终点称为出口。

2. 迷宫第一定律

迷宫第一定律是一个基础的定律，也是解迷宫最重要的思想。其内容表述为：从入口开始总沿着一侧走，可以到达相邻的出口。这个定律对于常见的多数迷宫都适用。迷宫第一定律的原理来自于数据结构中树的遍历算法。

有一个迷宫如下图所示。怎样找到从 A 点到达 B 的路径？可以从 A 点开始，一直沿着自己的右侧行进，最终会到达 B 点，如图中红色虚线的线所示。也可以从 A 点开始，一直沿着自己的左侧行进，最终同样会到达 B 点，如图中红色实线的线所示。

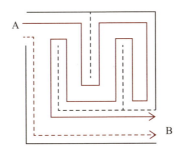

通过这个例子可以看出来，虽然选择的方向不一样，但是都可以从入口到达出口。当然迷宫第一定律并不适用所有的迷宫，所以称图示这样的迷宫满足迷宫第一定律，或者是用迷宫第一定律可解。

例 1：找到从 A 到 B 的路径。

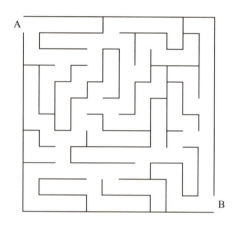

答案：

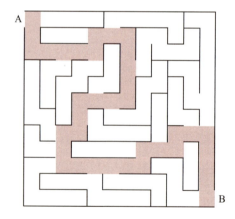

练习 1

找到从 A 到 B 的路径。

答案:

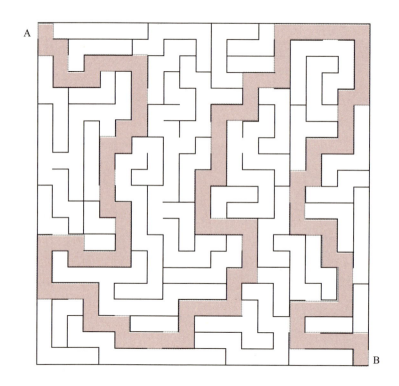

第二章
比较

当路线不止一条的时候，需要作比较。

1. 路径的长短

如果遇到了迷宫不只有一条路径的情况，可以将路径分为最长路径与最短路径。一般情况下把最短路径作为迷宫的解。

最长路径：迷宫中从起点到终点需要的代价最大、长度最长、最不容易实现的路径。如下图红色实线所示。

最短路径：迷宫中从起点到终点需要的代价最小、长度最短、最容易实现的路径。如下图红色虚线所示。

路径的长短是相较而言的，没有绝对的最长路径或最短路径。

2. 多路径探索

如图所示，迷宫用第一定律可解，从起点开始总是沿着右侧走可以到达终点，从起点开始总是沿着左侧走也可以到达终点。进一步讨论可以发现红色虚线表示的路径相较更短，在这个迷宫中，用红色虚线表示的路径为最短路径。

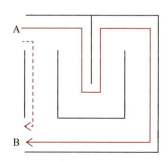

这表明了迷宫中可能有不只一条从起点到终点的路径，可以有很多条。于是，为了找到能作为迷宫的解的最短路径，需要从两个或多个方向对迷宫的路径进行探索。

例2：找到从 A 到 B 的最长路径和最短路径。

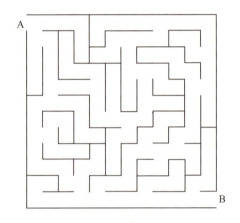

答案：

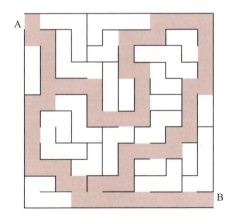

练习 2

找到从 A 到 B 的最短路径。

答案：

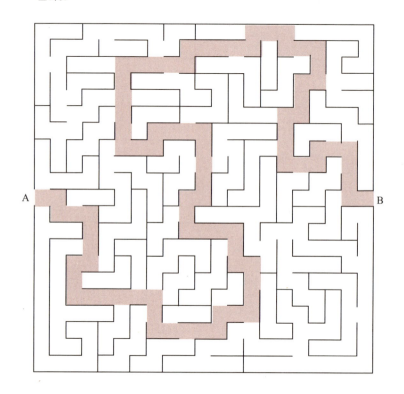

第三章

探索

迷宫第一定律是基础，迷宫第二定律才是门道。

1. 第一定律适用情况

当满足从入口进入迷宫时，沿着一侧走一定可以到达相邻的出口。这是迷宫第一定律一定可以适用的情况，可以理解为从入口进入迷宫、从出口走出迷宫、总是沿着一侧共同成为迷宫第一定律的适用条件。

这里先介绍两个概念。迷宫中出现不只一个方向的路径的位置，称为分岔点或路口。比如 A 前面有一个分岔点。与分岔点连接的路径均可称为支路，比如 A 前面的分岔点有两条支路，在这个分岔点和终点 B 之间没有其他的分岔点，也就没有支路。如下图所示。

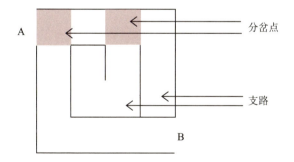

　　当迷宫的起点或终点在迷宫内，而不在外边界；当迷宫的支路在分岔点之外的位置连接等情况，迷宫第一定律不一定适用。如下图所示。从 A 点出发，无论从左侧走还是从右侧走都只能回到 A 点；从 B 点出发，无论从左侧走还是从右侧走也都只能回到 B 点。虽然这个小迷宫看上去确实存在从 A 到 B 的路径，但是迷宫第一定律不适用。

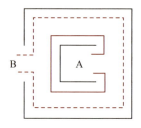

2. 迷宫第二定律

　　为了解决上述不适用的情况，以迷宫第一定律为基础做了一些修改，于是得到迷宫第二定律。第二章是迷宫第一定律向迷宫第二定律转化的铺垫，迷宫第二定律的一个思想就是对多个路径进行探索，进而找到从起点到终点的路径。

　　迷宫第二定律建立在迷宫第一定律的基础上，它更加注重对未知路径的探索。其内容表述为：从起点开始，每到一个分岔口总是从一侧对未知的路径进行探索，一定可以到达终点。如果从起点到达终点的路径存在，所有满足这个条件的迷宫，迷宫第二定律均适用。这个定律难在想象，以及对问题"这条路径是否是未知的"进行判断。

如下图所示，解迷宫的步骤如下：从起点开始，到达一个分岔点，选择相对于来时路径最左侧的路径进行探索，如果没有探索过，则继续探索；如果探索过，则回到最近的分岔点，依然选择相对于来时最左侧的路径进行探索，直至找到终点。

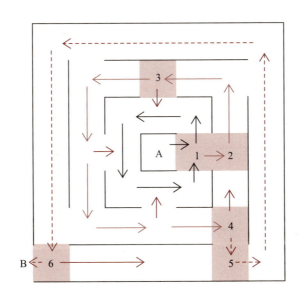

例3：找到从 A 到 B 的路径。

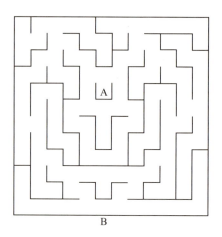

答案：

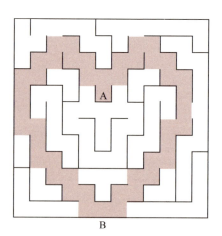

练习 3

找到从 A 到 B 的路径。

答案：

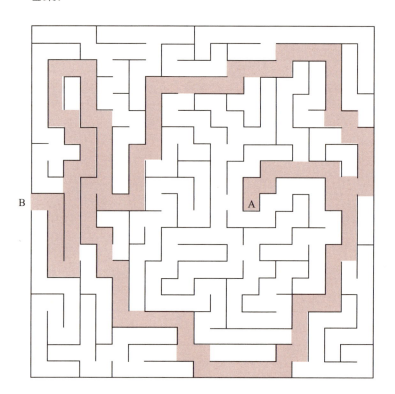

第四章
类型

同一个迷宫可以用两种类型表达，
同一个问题也会以不同方式呈现。

1. 两种迷宫类型

　　根据表现的方式不同，迷宫分为两种类型：空白式迷宫和线式迷宫。前几章出现的迷宫都是空白式迷宫。本章将介绍线式迷宫。

　　与空白式迷宫相反，用线表示路径的迷宫称为线式迷宫。空白式迷宫的走法是走空白，线式迷宫的走法是走线。虽然两种类型的迷宫走法不一样，但是解法是通用的，本质没有什么不同。

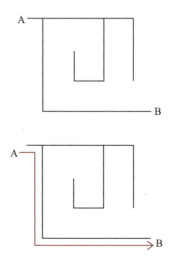

　　比如上图所示的小线式迷宫，找到从 A 到 B 的路径可以用迷宫第一定律来解。从 A 出发后，沿着一侧前进，可以到达 B。答案如图所示，以向右侧前进为例。从 A 出发后，沿着左侧前进也可以，只不过解迷宫的时候路径更长而已。

2. 类型转化

理解两种类型的迷宫的区别之后，就能实现两者之间的转化了。

空白式迷宫向线式迷宫转化：（1）将空白式迷宫中的路径用线表示；（2）将空白式迷宫原来的边界去掉。

线式迷宫向空白式迷宫转化：（1）在线式迷宫的路径外围加上边界；（2）将线式迷宫原来的路径去掉。

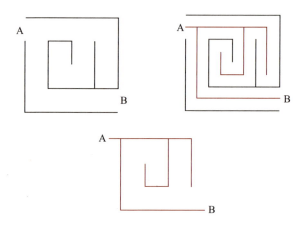

例4：找到从 A 到 B 的路径。

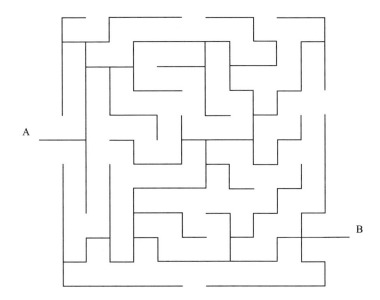

答案:

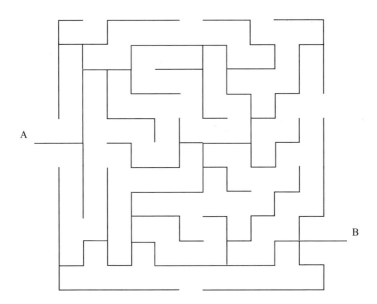

练习 4

找到从 A 到 B 的路径。

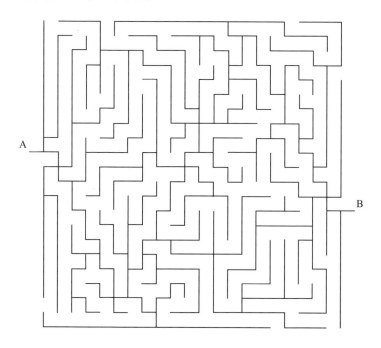

答案:

第五章
模型

可能很少有人会把生活环境与迷宫产生联系。

1. 场景

有一些场景像是地铁站、大型的商场，甚至是城市本身，会让人有头晕、找不到方向等感受。这是正常的。因为这个时候面对的问题是"不知道怎样从出发的地点到达目的地"，而需要做的是"寻找一条路线"，这正是面对迷宫需要解决的一个最直接的问题——找到从起点到终点的路径。

2. 转化为模型

无论是什么场景，都可以简单抽象为迷宫，只是难度有不同罢了。这些场景都可以认为是迷宫模型。房间可以被认为最简单的模型，如下图所示。图中的黑线表示房间的范围，从房间内 A 点可以按照红线指示到达房间外的 B 点。这意味着现实生活中的场景也可以运用迷宫的各种思想和定律。

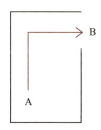

例5：找到从 A 到 B 的路径，途中经过用淡红色标记的 Room 区域，路径不能重复，红色区域不能通过。

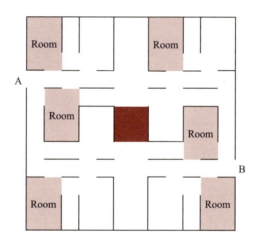

答案：

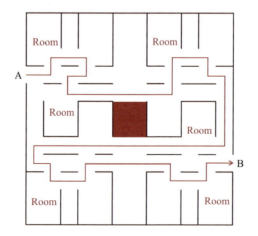

练习5

找到从 A 到 B 的路径，其中淡红色区域不能通过。

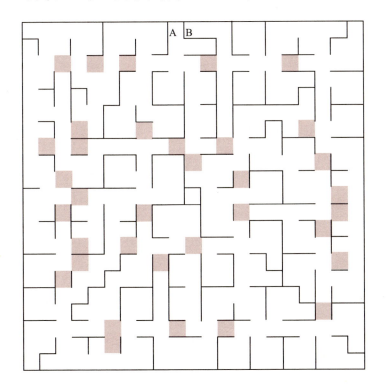

答案:

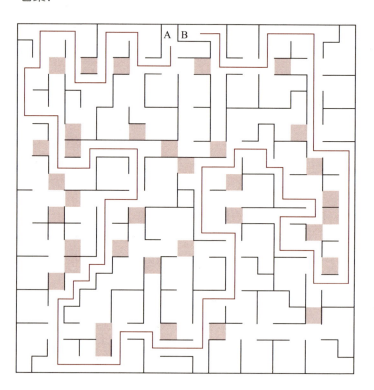

第六章
计算

出租车师傅有时能抄近道，是因为他们计算得到了更短的路径。

1. 限制条件

找到从起点到终点的路径，这是面对迷宫需要解决的一个最直接的问题。多数迷宫只要求找到从起点到达终点的路径，比如找到走出迷宫的路径。其实还有其他很多情况的迷宫，这些迷宫有一些附加的条件，要求不仅是找到路径，而强调的是找到满足条件的路径。

2. 最优解

第二章介绍了最短路径。从狭义的角度看，最短路径就是迷宫的最优解。然而从广义的角度看，在迷宫存在的多条从起点到达终点的路径中，有一条是最想要找到的那一条路径，或者是最能满足需求或限制条件的路径，这种路径被称为最优解。

例6：找到从 A 到 B 的路径，途中按照顺序经过位置 1、2、3、4，并且路径不能重复。

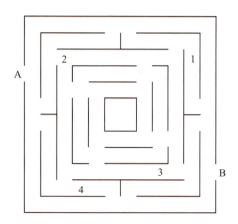

答案：

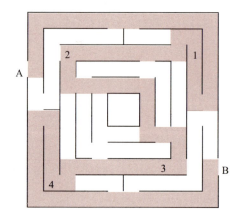

练习 6

找到从 A 到 B 的路径，途中按照顺序经过位置 1、2、3、4，并且路径不能重复。

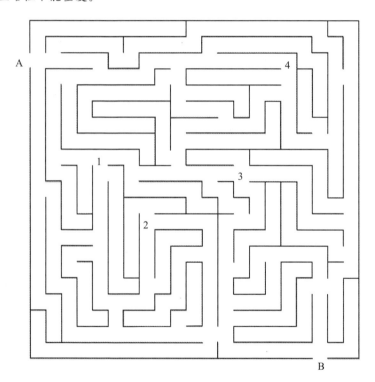

答案:

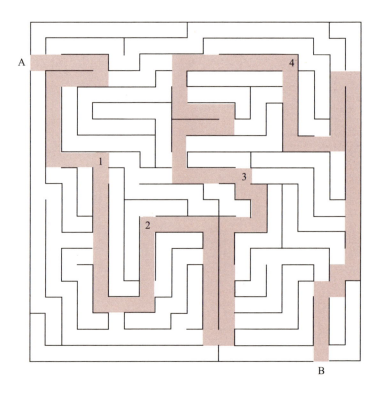

第七章
秘密

不敢说出的秘密，可以交给迷宫。

1. 隐藏

如前文所说，迷宫就是将从起点到终点的路径隐藏起来的一类事物。

后来，人们发现了迷宫是如此的隐晦，所以开发了它的功能——将不想让其他人知道，或者不能直接表达出来的一些东西隐藏起来。隐藏起来的东西可能是放置在迷宫中间的宝藏，也可能是需要保护的某种信物，甚至是迷宫本身（有时候身在其中却浑然不觉）。

目前在世界上的迷宫的应用有密室、墓穴、特定的让人迷惑的场所等。

2. 呈现

在成功探索迷宫之后，它隐藏的东西也将呈现出来，于是秘密被发现。比如第三章的例题，虽然看上去是一个探索路径的例题，其实是用从起点到终点的路径表现了一个心形。如果对整个迷宫都进行了探索，就会很容易发现。

像这种迷宫，从起点到终点的路径就是想要隐藏的东西，可以被用来做智力游戏，也可以作其他用途。人们可以通过这种迷宫表达自己想要表达的意思，向特定的人说出自己的秘密。

　　为了方便理解，用我曾经在微博上发过的一副迷宫作为例题。其实有很多人都已经找到了从 A 到 B 的路径，所以我想说，迷宫不在于有多难，而在于它可以表达出什么，能拿来怎么用。

例 7：找到从 A 到 B 的路径。

答案:

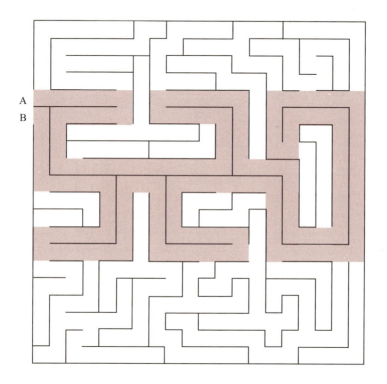

练习7

找到从 A 到 B 的路径。

答案：

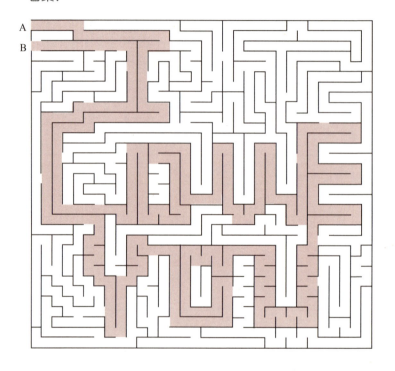

第八章
连通

从一个位置走进通道，从另一个位置走出通道。

1. 区域连通标记

区域连通标记，即从一个位置可以到达另外一个位置的标记，表示在有标记的这个位置可以从一个位置到达另外一个位置，这两个位置是连通的。如果迷宫在某一区域内不能很好的展现、需要在另外一个地方作迷宫，则需要区域连通标记。用什么做标记都可以，可以是字母、数字、符号等。

如下图所示，找到从 A 到 B 的路径，其中字母 T 为区域连通标记。

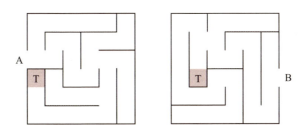

答案：

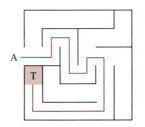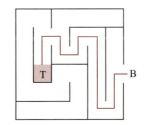

2. 对应关系

　　如果区域连通标记是一对一的关系，则不需要做特别的标注，比如上文示意图；如果区域连通标记是一对多的关系、或者是为了避免混淆，则需要做特别的标注，作有相同标注的区域连通标记表示可以连通。如下图所示，找到从 A 到 B 的路径，其中 T1 和 T2 是区域连通标记。

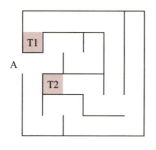 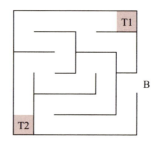

答案：

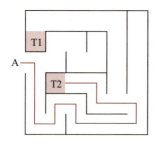 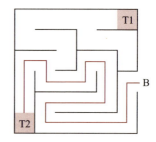

例 8：找到从 A 到 B 的路径，其中 T1～T7 是区域连通标记。

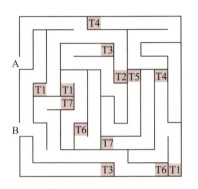 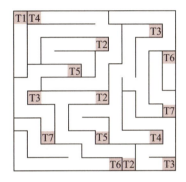

答案：

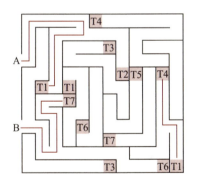 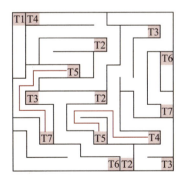

本章是下一章（立体迷宫）的铺垫，在本章了解连通标记就可以了。

第九章
立体

我想造一栋宏伟的迷宫大厦。

1. 层 数

有平面迷宫，自然也有立体迷宫。要说明的是，由于在书中只能通过长宽两个维度表现迷宫，所以本章所说的立体迷宫指的是不止一层的迷宫。

用长宽两个维度表现不止一层的立体迷宫，保持多张迷宫之间的上下连通性就可以了，即多画几幅迷宫，然后在这几幅迷宫之间做对应的标记，比如层数标记、上下层的连通标记。

上下层的连通标记是区域连通标记特殊情况，表示上下层的连通性，从一层的位置到达另一层的位置，在图中一般是对应的位置，可以理解为现实生活中的升降机、电梯等。

如果设计合理，一般层数越多的迷宫越难。

立体迷宫示意如下图所示，找到从 A 到 B 的路径，其中字母 L 表示上下层的连通标记。

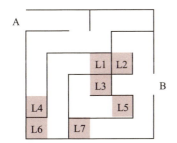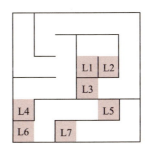

答案:

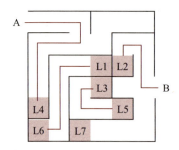 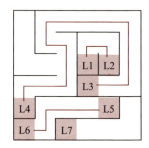

2. 想象

在立体迷宫的设计上可以更加灵活,路径可以更加多变,在处理立体迷宫这类问题的时候则需要更加注重想象。立体迷宫和平面迷宫在本质上没有什么不同,从理论上说,如果迷宫的两个定律应用得当,立体迷宫的解决只是时间上的问题。当然,要具体情况具体分析,迷宫的难度与很多因素有关,其中迷宫的大小和支路是两个最直接的因素。

例9：找到从 A 到 B 的路径。其中字母 L 为对应位置的上下层连通标记。

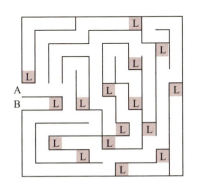 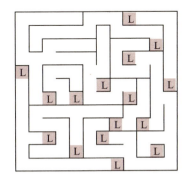

答案：

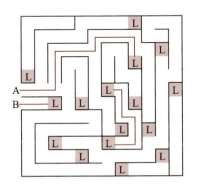 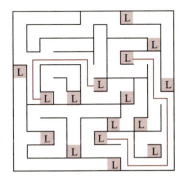

练习9

找到从 A 到 B 的路径，其中 A1～H5 为上下层的连通标记。

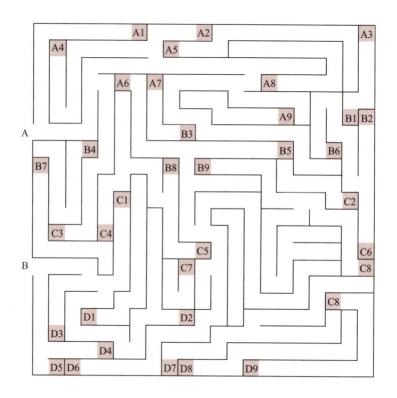

层一

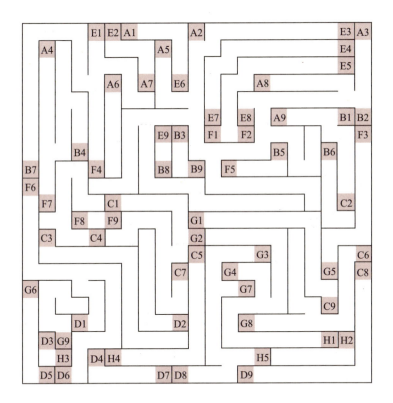

层二

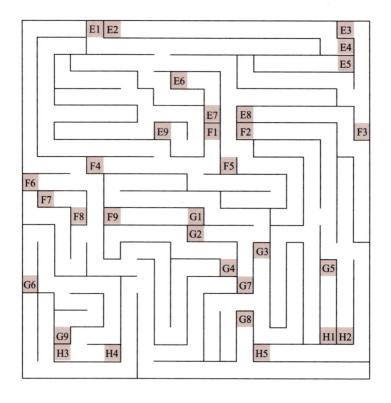

层三

答案：

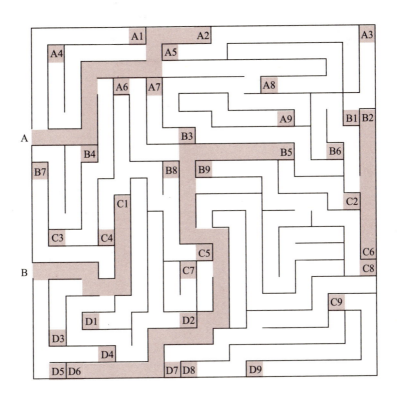

层一

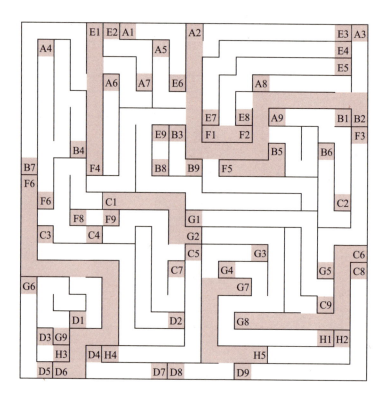

层二

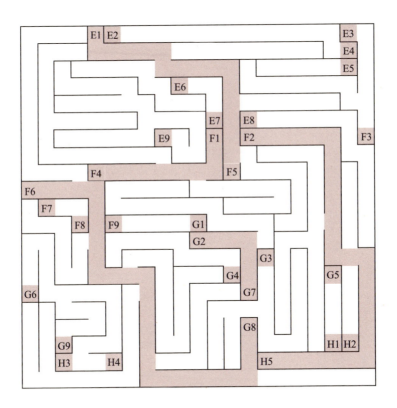

层三

第十章

绘制

绘制一个简单的迷宫不是什么难事。

1. 多种绘制方法

绘制迷宫的方法有很多。

如果考虑到迷宫的复杂程度，会有不同的迷宫绘制方法与之对应。比如，在绘制特别大的迷宫时，通常采用的方法是分区域绘制，意思是将迷宫分为几个区域，在每一个单独的区域里绘制一部分之后，再从整个迷宫的角度对每一个区域的绘制进行整合以及做适当的调整。

不同的人也有不同的绘制习惯，比如有的人习惯先画迷宫的从起点到达终点的路径，再画其他的路径；有的人习惯先不确定从起点到达终点的路径，先画所有的支路，然后选择其中一条作为从起点到达终点的路径。因人而异。

2. 常见的绘制方法

有一个常见也非常容易理解的绘制方法，就是先画好从起点到达终点的路径，再添加其他所有支路。以绘制线式迷宫为例：

步骤 1：先确定要绘制的区域和从起点到达终点的路径。

步骤 2：在区域内绘制一些支路，以方便修改。

步骤 3：补充完所有支路，并做好起点和终点标记。

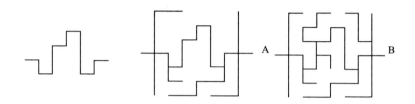

绘制方法的思路是通用的，理解了上述步骤之后，举一反三就可以了。

第十一章
应用

1. 选择路径

2. 逃生

迷宫思维可以用来解决问题。

1. 选 择 路 径

如前文第五章《模型》和第六章《计算》所述，现实生活中有一些场景是可以当作迷宫类问题解决，在找从起点到终点的过程中需要对路线进行计算以找到符合条件的路径。

现实生活中的很多场景往往有不只一条符合条件的路径，那么这些路径都可以作为备选和参考。而迷宫的思维在现实场景中的应用可以是：在一条路径不再符合条件的时候，找到另一条符合条件的路径。

举一个直接的例子。在打车的时候，如果有一条路现在正堵，有一些出租车师傅会选择另一条没那么堵的路到达目的地。

如果情况如下图（左）所示，从 A 到 B 的路径非常明显。如果情况如下图（右）所示，灰色部分表示不可通过，从 A 到 B 的路径可以是红线所示的样子。

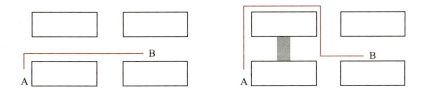

同时受到了白鼠迂回路径实验的启发，我发现这种迷宫的思维在学习方面也起到不小的作用。

2. 逃生

现在想象一个场景，原来四通八达的场所（无论是什么，城市、大厦都可以），由于某种原因，只剩下为数不多的几条可以通过的路线，而这几条路线就是我们所要寻找的"逃生路线"。

本章我将用迷宫模拟这样的场景。本章迷宫和前几章的迷宫并没有本质的区别，只是说明一种思路而已。

这是场景最开始的样子，很容易找到从 A 到 B 的路径，如图所示。

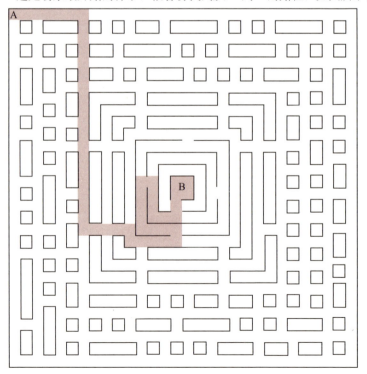

场景 1：找到从 A 到 B 的路径。

答案：

场景2：找到从 A 到 B 的路径，并按顺序经过位置1～8。

答案：

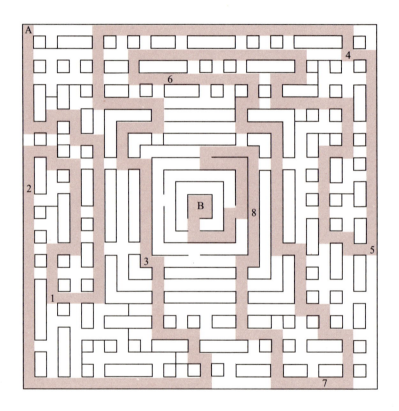

第十二章
跨越

1. 交叉

2. 桥梁

立交桥可以让两个方向的路径产生交界，也带来了一些其他东西。

1. 交叉

在迷宫越来越多样、迷宫的路线越来越复杂的情况下，人们提出了一个问题：如何实现迷宫路线的交叉？即：当一个方向的路径要跨越另一个方向的路径的时候该如何表示？

有三种方法可以实现迷宫路线的交叉：设置连通标记、设置多层立体、设置桥梁。前两种方法分别在连通迷宫和立体迷宫的章节有介绍，本章将介绍设置桥梁的迷宫。

2. 桥梁

设置桥梁的迷宫也就是桥梁迷宫。很显然，桥梁迷宫的主要特征是迷宫中设置了桥梁。桥梁迷宫的走法如下图所示。

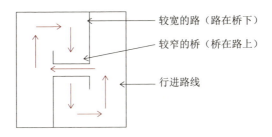

其实现实生活中有这样的迷宫模型：过街天桥或立交桥。比如过街天桥迷宫模型：马路上来来往往的车辆川流不息，人们从马路一侧到另一侧可以走过街天桥，通过过街天桥实现了人们行走路线

和车辆来往路线的交叉。

目前在现实生活中，最明显的桥梁迷宫的例子是北京西直门立交桥。虽然西直门立交桥设计者可能没有意识到自己设计了一个桥梁迷宫，但是这样的立交桥设计的确给人们带来了迷宫的感觉。

上述现象被称作迷宫化现象，即：现实生活中的场景在没有脱离自身意义的情况下让人们不自觉产生了迷宫的感觉。除了北京西直门立交桥之外，"魔都"重庆也存在迷宫化现象。

例 12：找到从 A 到 B 的路径。

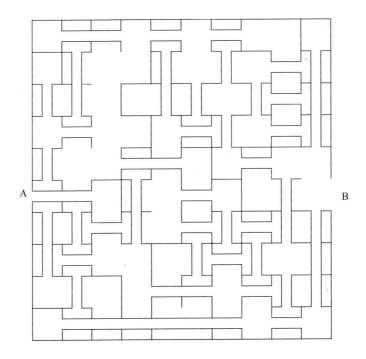

答案:

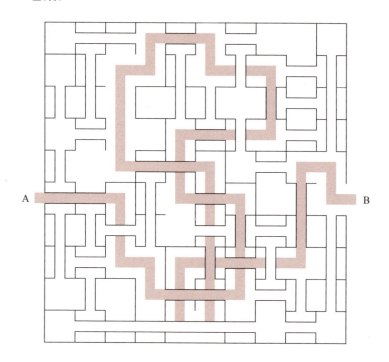

练习 12

找到从 A 到 B 的路径。

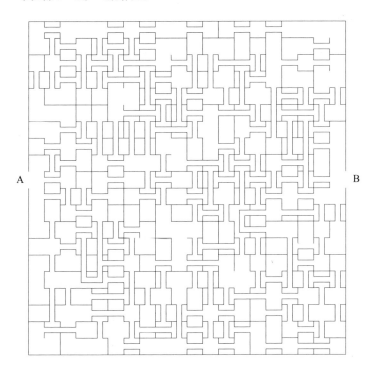

答案:

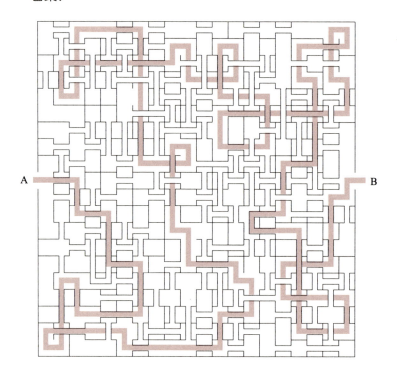